MÉMOIRE

SUR

LES MINES FLOTTANTES

ET LES PETARDS FLOTTANS.

IMPRIMERIE DE FAIN, PLACE DE L'ODÉON

MÉMOIRE

SUR

LES MINES FLOTTANTES

ET LES PETARDS FLOTTANS,

OU

MACHINES INFERNALES MARITIMES;

PAR MONTGERY,
OFFICIER DE MARINE.

PARIS,
BACHELIER, LIBRAIRE POUR LA MARINE,
QUAI DES AUGUSTINS, N°. 55.
1819.

MÉMOIRE

SUR

LES MINES FLOTTANTES

ET LES PETARDS FLOTTANS,

OU

MACHINES INFERNALES MARITIMES.

L'ART de construire les mines flottantes a été précédé, comme on peut le penser, par celui de miner le terrain qui soutient les murs des places assiégées. Il existe du reste beaucoup d'analogie entre les progrès successifs de ces deux arts, et je crois convenable de commencer ce mémoire par quelques détails historiques touchant les mines exécutées à terre.

Celles-ci furent employées dans des siéges, à des époques fort reculées. C'est au moyen d'une mine que Fidènes fut prise par les Romains (1), Chalcédoine par Darius, fils d'Hystaspe (2), Veïes par Camille (3), dans les années 664, 520 et 393, avant l'ère chrétienne. Alexandre (4), Sylla (5), César (6), et plusieurs autres grands généraux de l'antiquité (7), employèrent aussi

---

(1) *Dyonis. Halycar.*, *liber* 3, ou Antiquités romaines de Denis d'Halycarnasse, traduction de M..; tome 1er., page 306; *Paris*, 1723.

(2) Polien, liv. 7, chap. 11, art. 5, ou la traduction par M.....; tome 2, page 17; *Paris*, 1739.

(3) Diodore de Sicile, liv. 14, chap. 93. — Plutarque, vie de Camille, ou la traduction par M. Dacier; tome 2, page 94; *Paris*, 1734.

(4) *Quintus-Curtius*, *lib.* 4, *cap.* 6, ou la traduction par M. Beauzée, pages 97, 227 et 231; *Paris*, 1810.

(5) *Appianus Alex. de Bello mithridatico*, *cap.* 5, ou la traduction par C. de Seyssel, page 177; *Paris*, 1544.

(6) *J. C. Cæsaris Commentarii de bello gallico*, *lib.* 7, *cap.* 3, et *lib.* 8, *cap.* 4; *idem*, *de bello civili*, *lib.* 2, ou la traduction de M. de Wailly; t. 1er., pages 295 et 417; tome 2, pages 113 et 503; *Paris*, 1806.

(7) Hérodote, liv. 6. — Joseph, Histoire de la guerre des Juifs contre les Romains, chap. 4, liv. 2.

les mines dans le cours de leurs exploits.

Les premières mines étaient de simples souterrains dirigés vers l'intérieur des places. Les mineurs, lorsqu'ils se croyaient parvenus sous un lieu convenable, remontaient vers la superficie du sol, jusqu'à ce qu'ils eussent pratiqué une ouverture qui pût donner passage aux soldats dont ils étaient suivis. Les mines pratiquées à Fidènes, à Chalcédoine, à Veïes, furent de cette espèce. Alexandre, Sylla et César en employèrent d'une autre nature. Végèce, qui a parlé des deux espèces de mines, décrit ainsi la seconde : « L'autre » méthode, dit-il, est de pousser le souter- » rain jusqu'au mur seulement, de miner » sous une des faces, en la soutenant par des » étançons. Lorsque l'excavation est suffi- » sante, on entoure le pied des étançons de » sarment et autres matières combustibles, » auxquels les mineurs en se retirant mettent » le feu; de sorte que bientôt après les

— Thucydide, livre 2, art. 16. — *Æneus, de Tolerandâ obsidione.* — Polien, liv. 6, chap. 17. — *Marcus Vitruvius, de Architecturâ, lib. 10, cap. ultimo,* — etc., etc.

» étançons brûlent, le mur croule et fait » brèche (1). »

L'idée de placer de la poudre dans la chambre des mines paraît avoir été essayée, pour la première fois, en 1487, au siége de la ville de Sarzana (2), fait par les Génois. Cet essai fut infructueux : on ignore le nom de celui qui l'imagina. Mais un nommé Pierre de Navarre, qui était parmi les assiégeans, et qui fut témoin de cette tentative, la répéta au siége de Céphalonie, que les Vénitiens et les Espagnols firent contre les Turcs (3), et ensuite, avec un succès complet en 1503, à Naples, au siége du château dell'Ovo, défendu par les Français contre les troupes de Charles-Quint (4). Vanoccio Biringuccio (5)

---

(1) *Flavius Vegetius, de Re militari, lib.* 4, *cap.* 24, ou la traduction par M. le chevalier de Bongars; page 404; *Paris*, 1772.

(2) *Historia d'Italia di F. Guicciardini, riveduta e corretta per F. Sansovino*; tome 4, page 307; *Firenze*, 1636.

(3) *Paulus Jovius, in vitâ Gonsalvi.*

(4) *Historia d'Italia*, etc., tome 4, page 308.

(5) *Pyrotechnia*, etc., *lib.* 10, *cap.* 4; *Venetia*, 1540; ou la traduction française, page 220 *bis*; *Rouen*, 1627.

et Cardan (1), ont accordé l'invention des mines modernes à Francesco Giorgio, natif de la ville de Sienne ; mais ils ne donnent aucune preuve de ce qu'ils avancent à cet égard, et leurs écrits portent seulement à croire que cet homme fut l'architecte ou le maçon dont Pierre de Navarre se servit pour faire miner le roc sur lequel était bâti le château dell'Ovo.

Dès qu'il exista des fabriques et des magasins de poudre, plusieurs durent sauter : nous voyons déjà un exemple de cette nature en 1360, où l'hôtel de ville de Lubeck fut détruit par l'inadvertance des fabricans de poudre (2). Pour prouver cette opinion, au demeurant, il est inutile de citer des faits anciens ; elle est démontrée par les accidens qui arrivent encore journellement, malgré mille précautions nouvelles. Il semble qu'il

(1) Les livres d'Hiérôme Cardan, intitulés *De la subtilité et subtiles inventions*, traduits du latin en français par V. Leblanc, liv. 2 *des élémens ;* page 30 *bis ; Paris*, 1556.

(2) *Historische abhandlungen der Gesellsch. der Wissenschaften zu Coppenhagen ant dem Danischen von heinze.* 1 *band. seite* 231. — *Grams abhandl. von dem alter der erfindungen der schiesspulvere.* page 68.

eût suffi de voir sauter une seule fois un édifice contenant de la poudre, pour concevoir le moyen de faire sauter le terrain et les murailles sous lesquels on pratiquait des mines. Mais il n'en fut pas ainsi; car ce fut seulement en 1487, comme nous venons de le dire, que la poudre paraît avoir été employée à cet usage, quoiqu'elle ait été peut-être inventée en Orient dans des temps fort reculés (1), connue en Europe à des époques très-

---

(1) *Philostrates, in vitâ Appollinii, lib.* 2, *cap.* 33, et *lib.* 3, *cap.* 13; *Lipsiæ, anno* 1709. — *Agathias Myrinœus, de rebus gestis Justiniani; lib.* 5, *p.* 151; *Gr. lat. Parisiis*, 1660. — *Julius Africanus, in* κεσὸα, *cap.* 44, *p.* 303, *in veter. mathemat. edit. Parisiis a Thenot.* — *Isaaci Vossii Variarum observationum liber*, page 87; *Londini.* — *Liber ignium à Marco Græco præscriptus*, etc. — Manuscrits de la bibliothèque royale et de celle d'Oxford. — *Casiri bibliotheca arab. Hisp. Escurialens. part.* 2, *in notitiâ et methodo regiâ.* — Histoire des Indes, etc.; par Pierre Maffée; liv. 6. — Mémoire de l'académie des sciences de Paris, sav. étrang.; tome 4, page 74. — Journal de physique, de chimie et d'histoire naturelle, extrait des Mines de l'Orient; *Avril*, 1812, — etc., etc.

anciennes aussi (1), et mise en pratique chez la plupart des peuples européens, près de deux siècles avant le siége de Sarzana (2). Les conceptions humaines se perfectionnent avec lenteur, et la pratique des arts avec plus de lenteur encore.

On sent que, dans l'enfance de la marine moderne, la poudre devait être plus exposée

---

(1) *Claudianus*, *de Mallio Theodoro*. — *Roggierus Bâco*, *de Secretis operibus artis et naturæ*, *cap.* 6. — *Idem*, *Opus majus*, *p.* 474; *Londres*, 1733. — *Selva de varias lecciones*, etc., *por Pedro Mexia*, *lib.* 1, *cap.* 8, — etc., etc.

(2) Histoire d'Espagne par Mariana, traduction du Père Charenton; tome 3, liv. 14, page 488. — *Annales de la Corona de Aragon*, *por Diego Ortiz de Zurita*; tome 2, liv. 7, chap. 15. — *Annales ecclesiasticos y seculares de la Ciudad de Sevilla*, *por el mismo*, *lib.* 5, *p.* 199; *Madrid*, 1677. — Histoire de la milice française, par le Père Daniel, tom. 1, pag. 441; *Paris*, 1721. — Froissard; tome 1, pages 48, 66, 82, 88 et suivantes. — *A new naval History*, etc., *by John Entick*; *p.* 101; *London*, 1757. — *Erlanterung der in Kupfer gestochenen vorstellungen der Reichstad*, page 65; *Ausgburg*, 1765. — *Aventini annales Boiorum*, *lib.* 8, *cap.* 21, *p.* 763; *Lipsiæ*, 1710. — *Albert Kranz*. *Vandalia*, *lib.* 8, *cap.* 38, — etc., etc.

à bord des navires que partout ailleurs. Aussi vit-on sauter plusieurs vaisseaux renommés par leur force et leur grandeur. Tel fut le sort de *la Cordelière*, en 1504 (1), du *Carraquon*, en 1545 (2), du *Sans-Pareil*, en 1563 (3), etc. La perte de *la Cordelière* entraîna même celle d'un autre superbe vaisseau monté par un amiral anglais; car Hervé Porst-Morguer (4), qui montait *la Corde-*

---

(1) Mémoires relatifs à la marine, par A. Thévenard, vice-amiral; tome 2, page 51 et suiv. *Paris*, an 8. — Martin du Bellay place l'affaire de *la Cordelière* au 10 août 1513; Mém. tom. 1, page 65, édition de 1753.

(2) Mém. de Martin du Bellai, t. 6, p. 65 et suiv.

(3) Recueil chronologique et historique de faits mémorables, etc., tome 1, page 450; *Paris*, 1777.

(4) La plupart des historiens ont appelé ce capitaine Primauguet; d'autres ont écrit son nom un peu différemment. Lediard même l'appelle Morgan. Mais le vice-amiral Thévenard prouve qu'il se nommait Hervé Porst-Morguer. Ses autorités sont 1°. d'avoir consulté la chronique du diocèse de Saint-Pol-de-Léon, pays de l'amiral; 2°. des papiers de famille; 3°. d'avoir connu particulièrement un officier de marine du même nom, qui mourut en 1778, dernier rejeton de la famille.

lière, ayant vu se manifester à son bord un incendie trop violent pour espérer de l'éteindre, se hâta d'aborder le vaisseau de son adversaire qui s'enflamma et sauta ainsi que le sien. Onze cents hommes de l'équipage des deux bâtimens périrent, très-peu de Bretons furent sauvés.

De pareils événemens indiquaient d'une manière positive le moyen de détruire les plus grands vaisseaux, ainsi que les forts et autres édifices exécutés sur la mer ou sur les fleuves. Néanmoins, long-temps après que la poudre fut en usage, on se borna, pour détruire par le feu les vaisseaux et les fortifications maritimes, à employer des navires et des barques remplis de fascines goudronnées, de copeaux enduits de suif ou de résine, d'étoupes huilées ou soufrées et d'autres matières semblables. C'était un usage fort ancien. Les Tyriens incendièrent de la sorte des tours qu'Alexandre avait fait construire à l'extrémité d'une digue (1). Cassius détruisit aussi avec des brûlots trente-cinq navires,

---

(1) *Quint. Curtius*, *lib.* 4, *cap.* 3, *tom.* 1, ou la traduc. par M. Beauzée, tom. 1, p. 203; *Paris*, 1810.

qui composaient une escadre commandée par un lieutenant de César (1). Les Normands brûlèrent, par le même moyen, un pont au siége de Paris (2); les Sarrasins, plusieurs des galères de saint Louis, lorsque ce prince fesait le siége de Damiette (3), etc, Il y avait déjà bien des années qu'on avait connaissance de la poudre, lorsqu'on commença à entremêler parmi les matières combustibles, anciennement en usage, des ballons d'artifices, des carcasses incendiaires, des bombes, des grenades, et enfin quelques barils de poudre dispersés çà et là dans les entreponts et dans la cale des brûlots (4).

---

(1) *J. C. Cæsaris commentarii de bello civili*, *lib.* 3, ou la traduction par M. de Wailly, tome 2, page 269; *Paris*, 1806.

(2) Histoire de la milice française, etc., par le Père Daniel; tome 1, page 65; *Paris*, 1721.

(3) *Historia di Malta, di Giacomo Bosio*, etc.; *part.* 1, *lib.* 3.

(4) *Devises or inventions*, etc., *by William Bourne*, page 5 et suivantes; *London*, 1578. — *Arcano del mare, di Ruberto Dudleo duca di Northumbria*, etc.; *lib.* 3, *p.* 5; *Firenze*, 1646. — Recueil historique et chronologique de faits mémorables pour servir à l'histoire générale de la marine, etc.; tome 1, page 246;

Mais, de même qu'on avait employé la simple action du feu avant d'employer la poudre, pour faire écrouler le terrain supérieur aux mines, de même on chercha à détruire, par le seul effet des flammes, les corps plongés sous l'eau.

Le P. Daniel rapporte, d'après Roger de Hoveden : « Que dans l'année 1203 un ingé-
» nieur, nommé Gaubert, natif de Mante,
» trouva le secret de conserver sous l'eau une
» sorte de feu d'artifice enfermé dans des
» pots de terre, sans nulle ouverture; et,
» comme il avait en même temps le talent
» de certains plongeurs, de passer une rivière
» assez large, entre deux eaux, il se servit uti-
» lement de ce secret pour mettre le feu à de
» grosses palissades qui empêchaient l'entrée
» de l'Ile d'Andelis, que l'armée de Philippe-
» Auguste attaquait, et qu'il emporta d'assaut
» après que la palissade fut brûlée (1). »

Paris, 1777. — *Historia di Malta*, *di Giac. Bosio*, *part.* 2, *lib.* 11. — *L'Armata navale*, *del capitan Pantero Pantera*, etc., page 345 et suivantes; *Roma*, 1614, — etc., etc.

(1) Histoire de la milice française, tome 1, p. 576; *Paris*, 1721.

Ce fut seulement en 1585 que l'on exécuta les premières machines, auxquelles on puisse donner le nom de *mines flottantes*. Voici ce qui a été rapporté à cet égard par plusieurs historiens vivant à cette époque, et notamment par Flaminius Strada (1), dont le témoignage à ce sujet a été fréquemment cité :

Alexandre de Farnèse, duc de Parme, qui assiégeait depuis long-tems la ville d'Anvers, voulant empêcher les habitans de cette place de recevoir des secours de la Zélande, fit construire sur l'Escaut, avec des navires, un pont ayant six cents toises de longueur. Un ingénieur italien, nommé Frédéric Jambelli, qui était au service des habitans d'Anvers, entreprit de rompre ce pont. Il fit préparer treize petits brûlots, dont la destination principale était de répandre beaucoup de fumée, afin de cacher l'arrivée de machines plus redoutables. C'étaient quatre grands navires à fond plat, renfermant plusieurs milliers de poudre, et chargés pardessus avec une grande quantité d'artifices,

(1) *De bello belgico*, *decad.* 2, *lib.* 6.

de morceaux de marbre et de pierres d'un volume énorme. L'explosion de ces machines devait s'opérer, dans les unes, par des mèches dont la durée avait été éprouvée; dans les autres, par des espèces d'horloges dont le ressort fesait battre une sorte de briquet au bout d'un tems déterminé.

Les brûlots et les machines infernales furent amenés devant le pont, un peu au-delà de la portée du canon, et abandonnés au courant. La plupart des brûlots échouèrent sur les rives de l'Escaut avant d'arriver au pont; deux machines infernales eurent le même sort, une troisième fit eau, et ne produisit qu'une grande fumée, sans détonation. La quatrième aborda vers le milieu du pont, sauta avec un fracas épouvantable, détruisit plusieurs navires et fit périr huit cents hommes, parmi ceux qui se trouvaient dessus, ou aux environs.

Le prince de Farnèse fut assez grièvement blessé pour perdre quelque tems connaissance; mais aussitôt qu'il fut revenu à lui, il s'empressa de faire réparer le pont avec de nouveaux navires, amenés à la place de ceux détruits. Il fit ménager de plus la facilité de les écarter les uns des autres, pour laisser passer les machines que les assiégés pourraient envoyer de nouveau. Ceux-ci en envoyèrent effectivement, mais sans succès, à cause de la sage mesure qu'avait prise le prince de Farnèse.

Depuis cette époque, jusqu'à l'année 1628, il paraît qu'on ne fit point usage de machines infernales maritimes. Mais, dans le mois de septembre de cette année 1628, les révoltés Rochelais en préparèrent trois, accompagnées de trois brûlots à fumée, espérant de rompre la fameuse digue qui avait été construite devant l'entrée de leur port. Ces machines ne remplirent pas leur destination. Les Anglais, qui étaient venus au secours des Rochelais avec une puissante flotte, ne furent pas plus heureux dans une entreprise du même genre, qu'ils firent contre les vaisseaux du roi de France qui étaient à l'ancre, et formaient une ligne s'étendant depuis la digue jusqu'à la rade de Ché-du-Bois.

« Dans la nuit du dernier jour de septem-
» bre, ils placèrent en mer une douzaine
» de petards flottans, qui consistaient en des
» machines de fer-blanc remplies de poudre.

» Elles renfermaient un ressort qui se débandait en touchant quelque chose de solide, » et mettait le feu à l'artifice. Un de ces » petards qui était destiné à brûler les vaisseaux du roi, s'étant débandé en touchant » un vaisseau, ne lui fit d'autre mal que de » lui jetter de l'eau; on prit les autres avant » qu'ils pussènt faire leur effet (1). »

Le peu de succès qu'eurent au siége de la Rochelle les petards flottans ainsi que les mines flottantes, jeta sans doute du discrédit sur ces sortes de machines. Néanmoins une invention plus ancienne, qui avait été rajeunie et perfectionnée dans les écrits de William Bourne (2), du P. Mersenne (3), et une expérience faite à Londres par un Hol-

---

(1) Histoire générale de la marine, etc., par Boismêlé, tome 2, page 402; *Paris*, 1746. — Recueil de faits historiques pour servir à l'histoire générale de la marine, tome 2, page 119; *Paris*, 1777.

(2) *Devises or inventions*, etc., page 13 et suiv. *London*, 1578.

(3) *Marinus Mersennus, phænomena hydraulica*, *propos.* 49, *corol.* 2. — *Tractatus de magnetis proprietatibus*, *lib.* 2. — *Harmoniæ lib.* 4, *monitum* 5.

landais nommé Cornelius Drebbel; les bateaux plongeurs ou sous-marins donnèrent l'idée à Casimir Siemienowicz en 1650 (1), et à l'évêque Wilkins en 1680 (2), de la construction de mines entièrement cachées sous l'eau. Les projets de ces deux auteurs n'ont, je crois, été mis à exécution que de nos jours; mais des machines semblables à celles de Jambelli furent employées par les Anglais, soixante-cinq ans après les tentatives exécutées à la Rochelle.

Ce fut en 1693 qu'ils imaginèrent d'en faire l'usage le plus cruel qui puisse entrer dans la pensée. Car, au lieu d'entreprendre de détruire des vaisseaux ou des fortifications avec leurs défenseurs, ce que les lois de la guerre peuvent excuser, n'importe le moyen qu'on emploie, ils avaient projeté d'anéantir, dans un seul instant, la ville de Saint-Malo et toute sa population.

---

(1) *Ars magna artilleriæ*, *pars* 1, *lib.* 4, *cap.* 8; *Amstelodami* 1650; ou la traduction française par P. Noizet, pages 293 et 294; *Amsterdam*, 1651.

(2) *Mathematical magick*, etc., page 187; *London*, 1680.

Voici la description et l'histoire, puisées dans les écrits mêmes des Anglais, de la machine dont ils firent usage; machine nommée infernale par les Anglais mêmes, et à laquelle le reste de l'Europe a confirmé justement cette dénomination.

« C'était une galiote d'environ trois cents » tonneaux; les contours de sa cale étaient » revêtus d'une maçonnerie en brique, et » dans le fond il y avait une grande quantité » de barils de poudre recouverts avec des » matières combustibles, poix, goudron, » soufre, résine, étoupe, paille et fagots. » Par-dessus ces matières était un pont ou » plancher, percé de trous en plusieurs en- » droits, afin que le feu mis d'en haut par- » vînt facilement en bas, et sur ce pont » étaient placées trois cents quarante carcasses » ou espèces de ballons d'artifice dont l'inté- » rieur contenait des grenades, des boulets, » des chaînes de fer, de gros morceaux de » métal, des bouts de mousquets chargés avec » des balles de plomb. Les intervalles étaient » remplis avec des matières combustibles, et » le tout enveloppé de toiles goudronnées. » On avait pratiqué, dans la coque du navire,

» six ouvertures par où devaient s'échapper » les flammes dont la nature était si active, » qu'elles étaient capables de consumer les » substances les plus dures, et qu'on ne pou- » vait les éteindre qu'avec de l'eau chaude, » propriété reconnue dans l'expérience qui » en avait été faite (à ce que l'on assure.) Le » dessein était d'amener la machine au pied » des murs de Saint-Malo, et l'on ne dou- » tait pas que, fesant tout son effet, la ville » n'eût été soudain convertie en un tas de » ruines. En conséquence, la machine fut » conduite au vent de la ville, et se trouvait » déjà très-près des murs, lorsqu'une bouffée » de vent l'en éloigna et l'entraîna vers une » roche où elle s'échoua près du lieu où l'on » avait l'intention de la faire sauter. L'ingé- » nieur, s'apercevant qu'elle commençait à » se défoncer, s'empressa d'y mettre le feu et » de se retirer. Elle sauta immédiatement » après. Les ballons incendiaires, qui devaient » produire le plus d'effet, avaient été mouil- » lés avec l'eau de mer, et ne s'enflammèrent » point; cependant l'explosion fut terrible, » elle renversa une partie des murs de la » ville, quoiqu'elle se fût opérée à quel-

» que distance ; elle ébranla toutes les mai-
» sons et fit tomber les toits de plus de
» trois cents parmi celles qui se trouvaient le
» plus près. Le cabestan du navire, qui pe-
» sait environ deux mille livres, fut enlevé
» par-dessus les remparts, et défonça un toit
» sur lequel il tomba (1). »

Les années suivantes, les Anglais renouvelèrent des expéditions du même genre. Je vais laisser parler l'historien dont le témoignage est le plus irrévocable, M. Burchett, qui délivra lui-même tous les ordres et reçut tous les rapports, étant alors sécrétaire de l'amirauté :

« Le 13 juillet 1694, la ville de Dieppe fut
» bombardée, et avec un si grand succès,
» qu'elle paraissait toute en flamme, et pen-
» dant la nuit on avait fait sauter une ma-
» chine faite en manière de vaisseau, à la tête
» du môle, mais avec fort peu ou point de
» succès. Le capitaine Dunbart, qui com-

---

(1) Histoire navale d'Angleterre, par Lediard; traduite de l'anglais en français, tome 3, page 137; *Lyon*, 1751. — *Naval Chronicle*, etc., tome 8, n°. 47, page 306, — etc.

» mandait cette machine, s'y comporta avec
» beaucoup de bravoure, car, la fusée s'étant
» éteinte, il retourna à bord et y mit le feu. Il en
» fut récompensé comme il le méritait, aussi-
» bien que ceux qu'il avait pris avec lui(1). »

« Vers le milieu de septembre de la même
» année, les Anglais bombardèrent Dunker-
» que, et dirigèrent contre ses forts deux
» machines infernales qui, ayant été détour-
» nées de leur route, sautèrent sans causer de
» dommage (2). Le 5 juillet 1695, ils bom-
» bardèrent Saint-Malo, et lancèrent deux
» brûlots ou mines flottantes contre un fort
» qu'ils incommodèrent beaucoup (3). Enfin
» les premiers jours d'août de la même an-
» née, ils effectuèrent une expédition de
» même nature contre Dunkerque; expédi-
» tion qui avait été projetée depuis plusieurs

---

(1) Mémoire de ce qui s'est passé de plus considérable sur mer, durant la guerre avec la France, depuis l'an 1688 jusqu'à la fin de 1697, par M. Burchett, secrétaire de l'amirauté; trad. de l'anglais; pages 219 et 220; *Amsterdam*, 1704.

(2) *Idem*, page 226.

(3) *Idem*, pag. 274 et suivantes.

» années, mais qui n'eut point de succès (1). »

Il paraît que, vers 1688, c'est-à-dire plusieurs années avant que les Anglais fissent usage de ces grandes machines infernales, on avait eu l'idée en France d'employer une de ces machines contre les Algériens.

La pièce principale était une bombe énorme établie dans la cale d'un navire. Un officier de marine qui avait vu cette bombe au port de Toulon, en donna la description suivante, qui fut insérée dans plusieurs ouvrages d'artillerie.

« La bombe qui est embarquée sur la flûte » *le Chameau*, est de la figure d'un œuf; » elle est de sept à huit milliers de pou- » dre : on peut juger par là de sa grosseur : » on l'a placée au fond du bâtiment dans » cette situation : outre plusieurs grosses pou- » tres qui la maintiennent de tous côtés, elle » est encore appuyée par neuf gros canons de » fer de dix-huit livres de balle, quatre de

(1) Mémoire de ce qui s'est passé de plus considérable sur mer, durant la guerre avec la France, depuis l'an 1688 jusqu'à la fin de 1697; par M. Burchett, secrétaire de l'amirauté; traduit de l'anglais; pages 277 et suivantes; *Amsterdam*, 1704.

» chaque côté et un sur le derrière, qui ne » sont point chargés, ayant la bouche en bas; » par-dessus on a mis encore dix pièces de » moindre grosseur, avec plusieurs petites » bombes et plusieurs éclats de canons; et » l'on a fait une maçonnerie à chaux et à » ciment qui environne le tout où il est en» tré trente milliers de briques, ce qui com» pose une espèce de rocher au milieu de ce » vaisseau. Il est d'ailleurs armé de plusieurs » pièces de canons, chargées à crever, de » bombes, carcasses et pots à feu pour en » défendre l'approche. Les officiers doivent » se retirer après que l'ingénieur aura mis le » feu à l'amorce qui durera une heure. Cette » flûte doit éclater avec la bombe, pour » porter de toutes parts les éclats des bombes » et des carcasses, et causer par ce moyen » l'embrasement de tout le port de la ville » qui sera attaquée (1). »

Les Français ne firent point usage de

(1) Mémoire d'artillerie, par M. Surirey de Saint-Remy, etc., tome 2, page 142; *Paris*, 1765. — L'Artillerie raisonnée, etc., par M. Leblond; page 264; *Paris*, 1776, — etc.

cette machine. Ils auraient eu cependant plusieurs excuses s'ils s'en fussent servis; puisque leur intention était seulement de détruire un port qui renfermait des navires de pirates, et de prévenir les entreprises d'un peuple violateur des droits les plus sacrés de l'humanité.

Des maximes, existant alors, autorisaient d'ailleurs à faire usage de tous les moyens imaginables pour nuire aux ennemis de la foi, et surtout aux musulmans. Les ravages qu'ils exercèrent si long-temps en Europe peuvent sans doute mieux justifier cette maxime aux yeux des hommes d'aujourd'hui, qu'aucune espèce de différence entre des opinions religieuses.

Le peu de succès que les Anglais obtinrent, à l'aide des machines infernales, aux époques qui viennent d'être citées, fut probablement la cause qui leur fit renoncer pendant longtems à ce genre d'attaque. Leurs principes politiques habituels, et leur conduite subséquente, ne donnent pas à penser que ce fût par des motifs d'humanité. On peut même observer que les seuls imitateurs qu'ils aient trouvés jusqu'ici, furent chez un peuple tirant d'eux son origine. Ce fut au demeurant dans des vues beaucoup plus légitimes, puisqu'elles ne tendaient pas à détruire les paisibles habitans des cités, mais à miner sous l'eau des vaisseaux de guerre, qui sont eux-mêmes des instrumens de destruction. Un Anglo-Américain, M. Bushnell, qui fut ensuite imité par M. Fulton, entreprit de faire sauter les navires, au moyen d'un bateau sous-marin muni d'un petard.

Comme la description des bateaux sous-marins n'entre pas dans le plan de ce mémoire, je renvoie aux ouvrages qui en ont traité. Outre ceux déjà cités de William Bourne, du P. Mersenne, de Casimir Siemienowicz, de l'évêque Wilkins, il est parlé aussi de la navigation sous-marine dans l'Hydrographie du P. Fournier (1). De plus, M. Bushnell donne une pleine description de la construction et des entreprises d'un bateau sous-marin, dans une lettre datée d'octobre 1787, adressée à M. Jefferson, alors ministre plénipotentiaire des Etats - Unis près le roi de France. Cette lettre a été insérée, en 1798, dans les Mémoires de la

---

(1) Page 777 ; édition de 1643.

société américaine et philosophique, séante à Philadelphie (1); et depuis, dans les Annales des arts et manufactures (2), où l'on trouve également le projet d'un bateau sous-marin, dont un anonyme s'attribue l'invention (3). Enfin, M. Castéra a publié une petite brochure sur la navigation sous-marine (4). Je ne doute pas qu'on ne trouve d'autres renseignemens à cet égard dans beaucoup d'ouvrages qui ne seront pas venus à ma connaissance, et particulièrement dans les Œuvres posthumes de M. Fulton, qui peut-être ne sont pas encore publiées.

Je vais présenter une traduction abrégée du récit de M. Bushnell, relatif à ses entreprises pour faire sauter des bâtimens anglais, durant la guerre de l'indépendance. Il commence de la sorte :

---

(1) *Transactions of the American philosophical society, held at Philadelphia*, tome 4, pag. 303 et suivantes.

(2) *Idem*, tome 5, pag. 74 et suiv.

(3) *Idem*, pag. 80 et suiv.

(4) Essai sur la navigation sous-marine, etc.; *Paris*, 1810.

« J'avais projeté le bateau sous-marin, le » petard et toutes leurs dépendances, dès » l'année 1771, mais leur exécution ne fut » terminée que dans l'année 1776.

» J'avais besoin ensuite de quelqu'un pour » mettre toutes ces machines en action. Je » finis par me procurer un homme qui me pa- » rut plus habile que ceux que j'avais trouvés » avant lui. Il alla depuis New-Yorck jusqu'à » un vaisseau anglais de cinquante canons, » mouillé auprès de l'île du Gouverneur. Il » plongea sous le navire et tâcha de fixer la » vis du pétard contre sa carène; mais il ren- » contra, à ce qu'il suppose, une des barres » de métal appartenant aux gonds du gou- » vernail. Le bateau ayant remonté sur » l'eau, il le fit plonger de nouveau; mais, » ne sachant pas bien le diriger, il manqua » le navire et chercha en vain à le retrouver. » Il se décida à ramer quelque tems entre » deux eaux pour s'éloigner, et ensuite il » s'éleva à la surface de la mer; mais il trouva » que le jour était trop près de paraître pour » continuer son entreprise. Il prétend que la » première fois qu'il s'approcha du vaisseau, » il aurait pu facilement fixer le petard sous

» son arrière un peu au-dessus de la flottaison.
» S'il l'eût fait, on ne saurait douter que
» l'explosion de cent cinquante livres de
» poudre, contenues dans le petard, aurait été
» fort dangereuse pour le vaisseau.

» Le conducteur de mon bateau, en re-
» venant à New-Yorck, passa auprès de l'île
» du Gouverneur, et crut remarquer que l'en-
» nemi, qui y était établi, l'avait découvert.
» Afin d'éviter d'être joint, il se débarrassa
» du petard, s'imaginant qu'il l'empêchait
» d'avancer contre la houle qui était consi-
» dérable, et environ une heure après que le
» petard eut été abandonné, le mécanisme
» intérieur qui était monté fit partir la
» batterie, ce qui donna lieu à une explosion
» très-violente.

» Deux autres tentatives semblables furent
» exécutées dans la rivière d'Hudson, au-
» dessus de la ville; mais elles n'eurent aucun
» succès; et j'en fis d'un autre genre pendant
» l'année 1777.

» Je fus dans un bateau baleinier auprès de
» la frégate *Cerberus* qui était à l'ancre entre
» la rivière de Connecticut et New-London.
» Je conduisis une machine le long de son

» bord par le moyen d'un cordage. Cette » machine était pleine de poudre et renfermait » une batterie de fusil dont la détente devait » être lâchée par un autre appareil qui devait » agir en touchant le côté de la frégate. Mais » la machine rencontra un petit navire qui » était mouillé derrière la frégate et dont » celle-ci m'avait caché la vue. L'explosion » se fit et le petit navire fut détruit, ainsi que » trois hommes. Un autre homme fût lancé » par-dessus le bord; il fut retrouvé en vie, » mais blessé très-grièvement.

« Dans une autre circonstance, je remplis » de poudre plusieurs barils préparés de » manière à s'enflammer sous l'eau par le » contact du premier corps solide qu'ils ren- » contreraient. Je les jetai dans la Dela- » ware, en avant de la flotte anglaise qui » était ancrée auprès de Philadelphie au mois » de décembre 1777. Je ne connaissais point » la rivière, et je fus obligé de me fier à une » personne qui la connaissait très-imparfaite- » ment dans ce parage, ainsi que j'eus par la » suite l'occasion de m'en convaincre. Nous » nous approchâmes de la flotte autant que » mon compagnon osa le faire; mais il fut

» trompé sur la distance, ainsi que je le fus
» moi-même. Nous mîmes nos barils à l'eau,
» espérant que le flot les porterait sur la flotte
» ennemie; et si nous n'avions été alors qu'à
» une soixantaine de yards (trente mètres environ), comme nous le pensions, je suis
» persuadé qu'ils seraient arrivés dessus
» presque instantanément. Mais je reconnus
» ensuite qu'ils avaient été abandonnés au
» courant beaucoup trop tôt; ils furent retenus quelque tems par des glaces; et,
» lorsqu'ils s'approchèrent de la flotte, le jour
» commençait à paraître, ils étaient éloignés
» les uns des autres, et dans une situation
» tout-à-fait désavantageuse. Un d'eux cependant fit sauter un canot et les personnes
» qui étaient dedans, parce qu'elles eurent
» l'imprudence de le toucher trop librement.
» L'alarme se mit parmi les Anglais, et cette
» entreprise reçut le nom de la bataille des
» barils (1). »

Dans l'année 1800 et suivantes, ainsi que

---

(1) *Transactions of the american philosophical society, held at Philadelphia*, etc., tome 4, page 310 et suivantes.

beaucoup de personnes peuvent se le rappeler, M. Fulton vint en France pour proposer différens projets au chef du gouvernement. Il obtint, avec beaucoup de peine, les secours nécessaires pour faire quelques expériences dont l'une concernait un bateau sous-marin destiné à conduire un petard sous la carène des navires, comme celui de M. Bushnell. Les expériences de M. Fulton réussirent à peu près autant qu'on pouvait l'espérer dans de premiers essais, mais elles furent peu encouragées, et leur auteur ayant fini par perdre l'espoir d'obtenir aucun succès complet dans notre pays, passa en Angleterre.

Ce fut, je crois, vers le milieu de 1805 qu'il prit ce parti. L'année précédente, dans la nuit du 4 au 5 octobre, les Anglais avaient tenté de détruire par des brûlots et des espèces de petites machines infernales qu'on nomma *catimarans*, ceux des bâtimens de notre flottille qui formaient la ligne d'embossage devant Boulogne. Cette expédition n'eut pas de grands résultats; mais elle pouvait en faire espérer, en perfectionnant le mode d'attaque. Le désordre et l'inquiétude furent assez considérables parmi nous, quoique le mal réel se réduisît à peu de chose. Voici les accidens et les faits principaux qui eurent lieu :

« Une péniche à gros obusiers, commandée par le capitaine Gronet, aperçoit un » sloop anglais à la voile qui paraissait se diriger sur le port. Voulant s'en saisir, il » fait prendre les armes à son équipage et à » ses soldats, ordonne l'abordage. Six matelots y montent les premiers, éteignent le » feu; mais en cherchant le gouvernail qui » avait été retiré, ils aperçoivent un autre » corps très-long, nageant à fleur d'eau, ne » présentant presqu'aucune surface; au moment où ils parviennent à couper le câble, » le brûlot part, emporte la péniche française, et engloutit tous les hommes qui se » trouvaient dessus. Cet événement occasiona la perte de vingt et un hommes. » — Dans une autre partie de la rade, trois » grenadiers nommés Duru, Aude et Letendre, et un tambour nommé Labarrière du » 34e. régiment, aperçurent une machine plate, ayant la forme d'un canot qui n'aurait pas » été creusé; bien convaincus que c'était encore un brûlot, ils se précipitèrent dessus

» pour en arracher la fusée; ils détachèrent une » machine dont la détente aurait, quelques » instans plus tard, communiqué l'incendie. » Cette machine fut démontée, et l'on trouva » dans l'intérieur un mouvement de pendule » monté pour plusieurs heures, dont les res- » sorts communiquaient à une forte batterie » de fusil, laquelle devait partir, lorsque le » mouvement de la pendule serait arrivé à » son dernier degré (1). »

M. Fulton étant passé en Angleterre, comme il vient d'être dit, obtint du gouvernement qu'il serait fait quelques essais contre la flottille de Boulogne, d'une machine à laquelle il donna le nom de torpedo (torpille), qui est, comme on le sait, le nom d'un poisson ressemblant un peu à la raie, et jouissant de la singulière propriété de donner une forte commotion électrique à ceux qui le touchent, tant qu'il est vivant. Les torpilles de M. Fulton, sont des petards

---

(1) Nouveau dictionnaire historique des siéges et batailles mémorables des combats maritimes les plus fameux; par F. M. M.....; tome 1, page 410. *Paris*, 1808. — Papiers publics du mois d'octobre 1805.

flottans dans le genre de ceux de la Rochelle, et des barils de M. Bushnell, auxquels il ajouta divers perfectionnemens. Pour en prendre une parfaite connaissance, il serait nécessaire de se procurer un ouvrage imprimé à New-Yorck en 1810, qu'il a composé à leur sujet (1); ou la traduction française imprimée à Paris en 1812 (2); les figures qui accompagnent ces deux ouvrages, facilitent singulièrement l'intelligence de tout le système. Je vais entreprendre pourtant de le décrire sans ce secours.

La torpille est un cylindre creux en cui-

---

(1) *Torpedo war and submarine explosions, by Robert Fulton, fellow of the american philosophical society, and of the United States military and philosophical society. New-Yorck*, 1810.

« *The liberty of the seas will be the happiness of* » *the earth.* »

(2) De la machine infernale maritime, ou de la tactique offensive et défensive de la torpille, etc., par Robert Fulton; traduit de l'anglais par M. E. Nunez de Taboada, etc.; *Paris*, 1812.

« La liberté des mers fera le bonheur de la terre. »

vre, terminé par deux hémisphères. M. Fulton lui donna dans le principe assez de capacité, pour contenir 190 livres de poudre (avoir du poids). Depuis il a réduit cette quantité de poudre à 100 livres. L'axe de la torpille a environ deux pieds (de Londres), et le diamètre un pied. Toutes les autres mesures que je vais indiquer seront anglaises, ainsi que celles déjà énoncées.

Sur l'un des bouts de la torpille est appliquée, par le moyen de vis et très-exactement, afin de ne pas donner passage à l'eau, une boîte cylindrique en cuivre, ayant environ sept pouces de diamètre et deux pouces de hauteur. Elle contient un mécanisme destiné à enflammer la poudre de la torpille. Ce mécanisme est composé d'un petit canon de pistolet long de deux pouces, d'une platine et d'une espèce d'horloge. Avant de mettre la boîte en place sur la torpille, on charge à poudre le petit canon, on amorce et arme la platine, et l'on monte l'horloge, qui ne commence à marcher qu'après qu'on a retiré une goupille extérieure. Le nombre de minutes que l'horloge doit marcher est aussi réglé d'avance; et, dès qu'il est expiré, la détente de la machine se trouve lâchée, le coup part et l'explosion générale a lieu.

La torpille, installée ainsi, est plus pesante qu'un volume égal d'eau de mer; et, comme il est nécessaire qu'elle ne s'enfonce dans la mer que d'un nombre de pieds moindre que le tirant d'eau du navire qu'on veut faire sauter, on applique sur le milieu du cylindre une petite caisse de sapin renfermant du liége, dont la quantité se détermine par l'expérience.

M. Fulton, pour faire usage de la torpille, imagina d'abord d'en attacher une à chaque bout d'une corde, ayant environ cent pieds de long. Il espérait que dans les parages où il y aurait du courant, on pourrait faire sauter un navire à l'ancre, en jetant la torpille à la mer, à peu de distance devant ce navire, parce que la corde d'accouplement des torpilles, venant à être arrêtée par son câble, devrait amener les torpilles le long de sa carène. Quelques imperfections de détail, qui n'avaient pas été senties en formant ce projet, nuisirent à sa réussite dans les premières épreuves, ainsi que l'auteur nous en a informé lui-même dans les termes suivans :

« Le 1er. octobre 1805, le capitaine Siccombe, dans une embarcation avec huit » matelots et un contre-maître, plaça deux » torpilles entre la bouée et le câble d'une » canonnière française dans la rade de Boulogne. La marée les poussa jusqu'à ce » que l'une et l'autre fussent perpendiculaires » à ses côtés. Lorsque les Français virent » que le capitaine Siccombe s'avançait sans » répondre au mot d'ordre, ils s'écrièrent » que les machines infernales arrivaient, et » tirèrent sur lui une volée de mousqueterie, » sans blesser personne. Dès que les Français » eurent fait feu, craignant l'effet des explosions, ils coururent tous derrière dans la » plus grande confusion. Le courant fit dériver le capitaine Siccombe si loin, qu'il » fut obligé de passer sous la poupe de la » canonnière, où, voyant tout l'équipage » rassemblé, il s'attendait à recevoir une » autre volée. Il fit feu sur l'ennemi avec » deux espingoles contenant chacune quinze » balles d'une demi-once, et il se retirait, » lorsque les deux torpilles firent leur explosion; mais il fut fort étonné de voir que » la canonnière n'était point détruite. »

« La même nuit, M. Payne, lieutenant » du vaisseau l'*Immortalité*, commandé par » le capitaine Owen, plaça deux torpilles en » travers de l'avant d'une autre canonnière » française; il reçut son feu, eut un homme » blessé, se retira à quelque distance, et at- » tendit l'explosion, qui ne parut faire aucun » dégât sur le navire (1). »

Ces tentatives n'ayant pas eu plus de succès, il paraît qu'on douta en Angleterre de la possibilité de nuire à des navires avec des torpilles; mais M. Fulton, ayant persisté dans l'opinion favorable qu'il avait d'elles, obtint qu'on en ferait une expérience en grand.

Je m'arrête ici pour faire une observation que j'adresse aux hommes d'état. Il semblerait raisonnable qu'aucun gouvernement n'admît dans ses armées ou ses flottes, de nouvelles armes, ou de nouvelles machines, sans leur avoir fait subir préalablement les épreuves les plus convaincantes qu'on pourrait imaginer. Cela cependant n'a pas toujours lieu. On adopte parfois les projets sans les éprouver, ou seulement après des

---

(1) Machine infernale maritime, etc., p. 28 et 29.

épreuves très-insignifiantes. Aussi, lorsque les innovations militaires ou maritimes réussissent, il y a souvent, de la part des hommes puissans qui les ont fait adopter, plus de bonheur que d'habileté et de prévoyance. Ce que va raconter M. Fulton appuiera cette vérité :

« Pour convaincre M. Pitt et le lord Mel-
» ville qu'un navire peut être détruit par
» l'explosion d'une torpille placée sous son
» fond, le 14 octobre on mit à l'ancre dans
» la rade de Walmer, auprès de Deal, à un
» mille du château de Walmer, qui était alors
» la résidence de M. Pitt, *la Dorothée*, brick
» danois, d'une forte construction et du port
» de deux cents tonneaux ; l'on mit à ma dis-
» position, et sous mes ordres, deux cha-
» loupes avec huit hommes d'équipage, com-
» mandées par le lieutenant Robinson. Je
» préparai deux torpilles vides, n'ayant que
» deux ou trois livres de pesanteur spécifique
» de plus que l'eau salée, et je les suspendis
» de manière qu'elles s'enfonçaient de quinze
» pieds dans l'eau ; elles furent ensuite amar-
» rées séparément aux deux bouts d'une corde
» mince, ayant quatre-vingts pieds de long :
» le brick tirait douze pieds d'eau. Les choses

» ainsi disposées, la journée se passa en exer-
» cices. Chaque chaloupe, avec une torpille
» à sa poupe, partit du rivage à un mille en-
» viron au-dessus de l'endroit où se trouvait
» le brick, et gouverna dessus. La corde
» au bout de laquelle étaient attachées les
» deux torpilles, était tendue dans toute sa
» longueur, et les deux chaloupes se trou-
» vaient à onze toises quatre pieds l'une de
» l'autre : elles approchèrent alors, de ma-
» nière que l'une d'elles se trouvait à tribord
» et l'autre à bâbord du brick. Dès que la
» corde des torpilles eut passé la bouée du
» brick, on les jeta dans l'eau, et elles furent
» emportées par la marée, jusqu'à ce que la
» corde touchât le câble du brick; alors le
» courant les poussa sous le fond. Cette ex-
» périence, répétée plusieurs fois, apprit aux
» hommes qui étaient dans la chaloupe com-
» ment il fallait s'y prendre, et m'apprit, de
» manière à n'en pas douter, que, lorsque les
» torpilles sont placées d'une manière conve-
» nable sur le courant de la marée, elles vont
» sans aucune déviation sous le fond du na-
» vire. Je remplis alors une des torpilles de
» cent quatre-vingts livres de poudre, et je la

» montai pour dix-huit minutes. Tout était » prêt, quand on annonça que l'expérience » était remise au lendemain 15, à cinq heures » de l'après-midi, parce que des affaires pres- » santes appelaient M. Pitt et lord Melville à » Londres.

» Le 15, l'amiral Hollovay, le baron Syd- » ney Smith, le capitaine Kingston, le colo- » nel Congrève, et la plus grande partie des » officiers de la flotte, sous le commande- » ment de lord Keath, étaient présens. A » quatre heures quarante minutes les chalou- » pes firent route vers le brick, et les torpil- » les furent jetées à l'eau. Le courant de la » marée les porta, ainsi que nous venons de » le dire, sous la quille du brick qui, à l'ex- » piration des dix-huit minutes, parut s'éle- » ver d'environ 6 pieds par l'effet de l'explo- » sion. Il se brisa par le milieu, et les deux » parties coulèrent bas. Dans l'espace de » vingt secondes, on n'aperçut plus rien du » navire, excepté quelques débris qui flot- » taient çà et là. L'explosion jeta hors du » brick les pompes et le mât de misaine; la » vergue du petit hunier fut jetée dans les » barres traversières des hunes; les porte-

» haubans de l'avant furent arrachés des » deux côtés avec leurs boucles; soit que les » chaînes, les haubans et les porte-haubans » de l'arrière, fussent plus forts que ceux du » mât de misaine, ou que la secousse eût été » plus grande de l'avant que de l'arrière, le » mât de misaine fut brisé en deux endroits. » Ces remarques se firent à l'inspection des » pièces que l'on trouva à flot.

» Cette expérience fut décisive; elle a » prouvé un fait sur lequel on a beaucoup » discuté, et qu'on a même contesté; la pos- » sibilité de détruire un navire par une explo- » sion de deux cents livres de poudre sous » sa quille. Vingt minutes avant l'explosion » de la *Dorothée,* le capitaine Kingston assu- » rait que, si l'on plaçait une torpille sous sa » cabane, pendant qu'il serait à dîner, il ne » s'en inquiéterait nullement. La meilleure » manière de persuader est celle de convain- » cre par les yeux (1). »

M. Pitt, lord Melville et les autres personnages qui gouvernaient l'Angleterre à cette époque, avaient adopté les machines

(1) Machine infernale maritime, page 5 et suiv.

infernales de toute espèce, avant de connaître l'effet d'aucune, du moins par expérience; mais, après avoir vu de leurs propres yeux combien les torpilles seraient redoutables étant bien dirigées, ils cessèrent d'en propager l'usage. Parmi la foule de motifs susceptibles d'expliquer cette conduite, je crois pouvoir en assigner un qui doit être fort influent en pareil cas. La plupart des hommes qui occupent des postes éminens ont assez de tact et de jugement pour apercevoir, dans une épreuve, divers inconvéniens pratiques qui s'y rencontrent d'ordinaire; mais ils n'ont pas assez de loisir pour trouver, par la réflexion et par de nouveaux tâtonnemens, les remèdes qu'on peut y apporter. Fatigués d'avoir arrêté quelques instans leur pensée sur des idées mécaniques, et de s'être dérangés personnellement pendant le tems que les épreuves ont duré, ils conçoivent du dégoût pour le projet et pour son auteur; ils se hâtent d'oublier l'un et l'autre, ou sont amenés naturellement à le faire, par le tourbillon d'affaires au milieu duquel ils se trouvent placés.

M. Fulton, étant retourné à la Nouvelle-

Angleterre, eut occasion d'y exécuter une expérience semblable à celle que nous lui avons déjà entendu rapporter. Voici ce qu'il dit de cette seconde expérience :

« Un brick fut mis à l'ancre dans le port » de New-Yorck, au mois d'août 1807. Les » torpilles furent préparées et jetées dans » l'eau, de la manière qu'on a décrite plus » haut. La marée les porta sous le brick, » près de sa quille, mais les platines se ren- » versèrent, la poudre tomba hors du bassinet, » et le feu ne prit pas. Cet événement nous » fit apercevoir l'erreur que j'avais commise » dans la manière de fixer les platines aux » torpilles, et le moyen de la corriger par » la suite. Lors du second essai, la torpille » manqua le brick, l'explosion eut lieu à » environ cent verges du navire, et jeta une » colonne d'eau de dix pieds de diamètre à » la hauteur de soixante à soixante-dix pieds. » Au troisième essai le navire sauta. L'effet » et le résultat furent à peu près les mêmes, » que ceux qui avaient été remarqués lors de » l'explosion de la *Dorothée*. Environ deux » mille personnes furent témoins de cette » expérience. »

Le moyen de diriger les torpilles suivant la manière déjà décrite, n'est pas le seul que M. Fulton ait imaginé; deux autres ont été l'objet de ses expériences; le plus simple est celui-ci.

Une torpille étant pleine de poudre, et munie d'une caisse de sapin remplie de liége, au lieu de lui ajouter une boîte cylindrique sur l'un des deux bouts, on place une boîte carrée sur le milieu de la torpille, qui renferme aussi un petit canon de pistolet et une platine; mais point de pièce d'horlogerie. La détente est lâchée par un levier qui s'élève au dessus de la boîte, et que le choc de tout corps solide fait subitement agir.

La caisse de sapin contient assez de liége pour rendre tout le système plus léger, qu'un égal volume d'eau de mer. On emploie, pour faire plonger la torpille, une corde à l'un des bouts de laquelle est attaché un poids d'une cinquantaine de livres. La longueur de cette corde est calculée, de manière à ce que la torpille soit encore plongée de quelques pieds, aux époques où la mer est le plus basse; et, afin d'empêcher le poids de courir sur le fond, lorsque les courans ont de la violence, on y attache une seconde corde, à laquelle est fixée une petite ancre. M. Fulton a proposé de placer cent ou deux cents de ces torpilles, et même davantage dans les rades où l'on craint la présence de l'ennemi; les navires qui toucheraient les leviers des torpilles, devraient sauter infailliblement.

Il y a beaucoup de parages, où la mer monte et descend de plus de vingt pieds, et il y en a même où les marées vont à plus de quarante pieds. Dans ces parages, il faudrait que les torpilles plongeassent d'un nombre de pieds encore plus considérable, pour qu'elles ne flottassent jamais sur la surface de la mer. Or, comme les plus grands bâtimens de guerre ne s'enfoncent dans l'eau que de 26 pieds au plus, et que presque tous calent beaucoup moins, ils pourraient passer par-dessus les torpilles dans ces sortes de parages, à l'instant de la haute mer, sans avoir rien à en redouter. Il faut en outre remarquer que, lorsqu'il y aurait beaucoup de courant, la corde liée d'un bout au poids et de l'autre à la torpille, ne garderait pas une situation verticale, et que, par conséquent, elle maintiendrait la torpille un peu plus enfoncée que dans le cas où la mer serait sans courant ou étale. M. Fulton n'a prévu cet inconvénient qu'en partie, et n'a pas répondu à toutes les objections qui y sont relatives.

M. Fulton a négligé aussi d'observer premièrement, que, si une rade parsemée de torpilles devenait impraticable pour les navires ennemis, elle le deviendrait également pour les autres navires; secondement, que, dès que le mécanisme des torpilles à levier serait disposé pour faire explosion, et qu'elles seraient jetées à la mer, il serait très-difficile de les chercher et de les reprendre. Toute espèce de drague employée à cet effet toucherait par fois le levier, et ferait sauter tout ce qui se trouverait autour, hommes, instrumens, et embarcations. Il est vrai que M. Fulton a parlé d'un mécanisme, qui permettrait aux torpilles de s'élever sur la surface de la mer, après un espace de tems réglé à volonté, mais il n'en a donné aucune description. Cette nouvelle invention n'empêcherait pas, du reste, que les bâtimens amis qui viendraient de loin, et qui ne seraient point informés de l'époque où les torpilles seraient visibles dans tel ou tel port, souvent même de leur existence, ne fussent autant que l'ennemi, exposés à donner dessus. Je ne doute pas néanmoins qu'il n'existe des remèdes contre les inconvéniens que je viens de faire prévoir; mais, je le répète, M. Fulton n'a point indiqué ces remèdes. Je suppléerai à cet oubli, dans un autre endroit de ce Mémoire; maintenant je passe à la description du troisième et dernier moyen que M. Fulton propose pour se servir des torpilles.

Dans les premiers tems de l'artillerie moderne, on lançait des dards et des flèches avec les armes à feu, comme on le fesait précédemment avec les balistes, catapultes, manubalistes, onagres, scorpions, etc. (1).

---

(1) *Precetti della militia moderna*, etc., *dal signor Girolamo Ruscelli*, page 7; *Venetia*, 1583 (la dédicace est de 1568). — La Pyrotechnie de Hanzelet, etc., pages 194 et 196; Pont-à-Mousson, 1630. — *An universal dictionary of the marine*, etc., *by W. Falconer*, au mot *engagement; London*, 1769. — Panoplie, etc., par J.-B.-L. Carré, pages 93 et 296; Paris et Châlons-sur-Marne, 1795, etc., etc.

Les gens qui font la pêche de la baleine imaginèrent aussi de lancer le harpon à l'aide d'une sorte d'espingole ou pierrier; et comme la pêche de la baleine est d'un très-grand intérêt aux yeux des Anglais, la société d'encouragement pour les arts, les manufactures et le commerce, instituée à Londres, décerna pendant quelques années divers prix pour le perfectionnement de cette méthode, jusqu'à ce que M. Bell, en 1793, parût avoir porté cette invention au degré de perfection désirable (1).

M. Fulton imagina de se servir de cette invention pour faire parvenir les torpilles sous la carène des navires. Le harpon, totalement en fer, a son extrémité postérieure munie d'un cylindre à peu près égal au calibre de l'espingole. Ce cylindre se pousse jusque sur la charge de poudre; et l'autre extrémité du harpon, qui est munie d'une pointe barbelée, sort entièrement de l'arme. Immédiatement au-dessous de cette pointe,

---

(1) *Transactions of the society instituted at London for encouragement of arts, manufactures, and commerce*, tome 11, page 185 et suiv.

et également hors de l'arme, il y a un trou servant à amarrer une corde, puis un anneau qui court librement sur la tige du harpon. Ensuite, à une distance qui, à partir du trou mentionné, est égale à la longueur de la tige du harpon, la corde est une seconde fois amarrée sur l'anneau. Le reste de la corde est lové, ou tourné en spirale sur une petite plate-forme placée à l'arrière d'un canot, et, en arrière de cette plate-forme, l'espingole est montée sur une sorte de fourche qui tourne librement sur un montant ou chandelier en bois. A l'autre bout de la corde susdite est amarrée une torpille, qui renferme un mouvement d'horlogerie, et qui est placée sur la plate-forme.

Avec un certain nombre d'embarcations disposées de la sorte, et dont l'armement en outre est de quatre espingoles, six rameurs, un patron et cinq artilleurs, M. Fulton propose de s'avancer pendant la nuit contre les navires qui se trouveraient à l'ancre, ou qui feraient peu de chemin, afin de leur lancer le harpon à la distance d'une quarantaine de pieds. Lorsque le harpon part, l'anneau glisse le long de sa tige, entraîne ensuite la corde, puis la torpille; le mouvement d'horlogerie, monté d'avance pour le nombre de minutes déterminé, commence à marcher par l'enlèvement d'une goupille que retient un cordon amarré au canot. Le courant, s'il y en a et si le navire est à l'ancre, ou le sillage du navire, s'il est sous voiles, entraîne bientôt la torpille sous la carène du navire qui doit se trouver détruit par l'explosion.

Voilà l'aspect sous lequel M. Fulton a présenté son projet; mais il a mis en oubli plusieurs inconvéniens majeurs qui résultent de circonstances très-habituelles sur mer.

Premièrement, un navire est parfois à l'ancre dans des endroits où il n'y a pas de courant, et où conséquemment les torpilles ne peuvent être amenées par cette cause sous sa carène. Deuxièmement, les torpilles ne peuvent pas davantage prendre la direction convenable, lorsqu'un navire, sans être à l'ancre, est en calme, soit qu'il existe ou non du courant dans le parage où il se trouve: car le courant, s'il y en a, entraîne dans une même direction le navire et les torpilles qui ne se rencontrent jamais que par hasard et dans un tems indéterminé. Troisièmement, lorsqu'un navire fait seulement quatre ou cinq milles à l'heure, ce qui n'exige qu'une très-faible brise, les embarcations portant les torpilles ne peuvent le devancer suffisamment pour être à même d'exécuter leur opération, et il arriverait même assez rarement qu'elles le rencontrassent pendant la nuit.

Il existe enfin un autre inconvénient que n'a pu se dissimuler M. Fulton, qui nuirait particulièrement à l'usage des torpilles : c'est la répugnance que les marins éprouveraient à attaquer des vaisseaux et des frégates avec de faibles canots. On emploie au plus de pareilles embarcations contre les petits bâtimens de guerre, ou contre les navires du commerce. Encore, l'expérience a prouvé que ces expéditions ne sauraient réussir, même la nuit, lorsque les équipages des bâtimens attaqués ne se laissent point saisir par une terreur panique, et savent user de leurs moyens de défense. Sans m'arrêter à citer à l'appui de cette vérité des faits isolés et peu connus, je rapporterai l'affaire assez importante qui eut lieu sur la rade de

Boulogne, dans la nuit du 15 août 1802.

« Pendant la journée, la flotte anglaise
» était mouillée à peu près à trois cents toises
» de l'avant-garde française. L'amiral Nelson,
» qui voulait surprendre la flottille au milieu
» de la nuit, forma quatre divisions com-
» mandées chacune par un capitaine de vais-
» seau, et composée de six bateaux plats et
» dix bateaux à rames ou péniches; une
» cinquième division de réserve était toute
» composée de bateaux armés d'obusiers et
» destinée à incendier la partie de la flotte
» qui n'aurait pu être enlevée à l'abordage :
» chaque division devait attaquer un certain
» nombre de bâtimens de la ligne française,
» en commençant par le côté de l'est, et
» s'engageant successivement vers l'ouest.
» Cette disposition préparatoire se fit avec
» beaucoup d'ordre par les soins du capitaine
» Sommerville, qui commandait la première
» division; toutes se mirent en mouvement
» et quittèrent la *Méduse* à onze heures et
» demie, pour s'approcher en silence de la
» ligne française. Les matelots et les soldats
» anglais étaient armés de piques, de sabres
» et de haches d'abordage, et avaient ordre

» de ne pas faire feu, à moins qu'ils n'y » fussent contraints, et seulement au cas où » l'ennemi prendrait l'alarme, avant qu'on » eût pu accoster ses bâtimens.

» Le flot et le courant ne pouvaient per- » mettre aux quatre divisions anglaises de » conserver, en approchant du rivage, l'ordre » et l'ensemble qui leur étaient prescrits. » Elles se séparèrent et se mêlèrent dans » l'obscurité; la seconde division se trouva, » après une heure de navigation, à la hauteur » de la tête de l'avant-garde française. Le » capitaine Parker, qui commandait cette » division, fit commencer l'attaque; il en- » toura et voulut enlever la canonnière la » plus avancée; c'était l'*Étna*, commandée » par le brave capitaine Pévrieux, lequel tua » de sa main deux matelots anglais qui, » malgré les filets d'abordage, s'efforçaient de » sauter à son bord. Le feu de la mousque- » terie et les bordées à mitraille, lâchées » seulement à bout-portant, moissonnèrent » en un instant, dit le rapport anglais, les » deux tiers des hommes embarqués dans les » péniches du capitaine Parker. Cet intré- » pide officier abordant le premier l'*Étna*,

» fut aussi le premier renversé; il eut la
» cuisse emportée. Le combat devint général;
» presque tous les bâtimens de la flottille
» furent attaqués avec la même fureur, et
» partout où les péniches anglaises se pré-
» sentèrent, elles furent repoussées avec
» vigueur. Les chaloupes canonnières, le
» *Volcan* et la *Surprise* eurent à soutenir le
» plus grand effort; cette dernière coula bas
» quatre péniches, et s'empara de plusieurs
» autres. Dans ce désordre, la division
» d'obusiers, conduite par le capitaine Conn,
» s'avança vers la jetée et tenta de se placer
» entre la terre et la ligne d'embossage; elle
» y fut foudroyée par les batteries et forcée
» de gagner le large. L'amiral Latouche dut
» faire cesser le feu de la terre, dans la crainte
» de causer, en cette horrible mêlée, autant
» de dommage à ses propres bâtimens qu'à
» ceux de l'ennemi; le rivage et la rade
» étaient comme embrasés.

» Le feu cessa à la pointe du jour, lorsque
» l'amiral Nelson eut fait signal de ralliement
» et retiré toutes ses embarcations hors de
» portée. Les Anglais avouèrent que leur
» perte, dans cette action, s'élevait à deux

» cents hommes tués ou blessés. L'amiral » Latouche prouva que celle des Français » n'avait été que de trente-cinq hommes (1). »

Une infinité d'autres tentatives moins considérables, de la part des Anglais, mais de la même nature, furent également sans succès pour eux, pendant les années suivantes où la France s'occupa d'une descente en Angleterre et maintint presque continuellement des bâtimens mouillés sur les côtes voisines de Boulogne. On doit dire, il est vrai, qu'il existe une très-grande différence entre la tâche des canots portant une torpille, qui ont seulement à s'approcher à une cinquantaine de pieds d'un navire, lancer leur harpon et se retirer, et la tâche des embarcations qui entreprennent d'enlever un bâtiment à l'abordage, ou de le réduire avec une artillerie, d'ordinaire plus faible, et toujours plus difficile à servir que la sienne.

M. Fulton a d'ailleurs démontré que la petitesse et la peinture noire des embarcations

---

(1) Précis des événemens militaires, ou Essai historique sur les campagnes de 1799 à 1814; par Mathieu Dumas; tome 1er., page 155 et suiv.

à torpille, les dérobant à la vue, dans une nuit obscure, le feu des vaisseaux, auquel elles restent si peu d'instans exposées, ne saurait les atteindre que par hasard, et que les risques courus par leur équipage seraient moins grands que ceux de l'équipage d'un vaisseau engagé vergue à vergue avec un vaisseau de sa force. Des raisonnemens aussi plausibles seraient sans doute entendus, avant une action, par les matelots; et la discipline, au surplus, jointe au bon exemple des chefs, suffit pour les conduire où l'on veut. Mais autant il est facile que leur courage soit excité avant le combat, autant il est difficile, pour ne pas dire impossible, que leur première ardeur se soutienne à l'aspect de dangers qui, sans être très-certains, sont faits pour frapper l'imagination de terreur. Telle est la position d'hommes qui se trouvent la nuit dans un canot (où rien ne les abrite), à une petite distance d'un vaisseau lançant avec un bruit horrible des torrens de flammes, et des milliers de balles et de boulets; chacun des assaillans oublie la vaste étendue sur laquelle doivent se disperser ces agens de destruction; il les voit dirigés sur lui-même, et sait qu'un seul des projectiles qu'il entend tomber autour de lui peut couler à fond la faible embarcation sur laquelle il est placé.

Je ne pense donc pas que les équipages des embarcations à torpille puissent exécuter leur opération avec le sang-froid et la précision convenables, contre un vaisseau qui commence à tirer sur elles, quoique j'admette que ses coups doivent être fort mal dirigés pendant la nuit. Je ne pense pas non plus, ainsi que l'a fait M. Fulton, que les hommes d'un bâtiment attaqué par des canots à torpilles soient tellement frappés de l'idée qu'ils vont sauter, qu'ils oublient à l'instant leurs devoirs, et négligent les moyens ordinaires de défense, pour s'occuper seulement de leur salut personnel. Il faudrait, pour que les torpilles inspirassent une pareille terreur, qu'elles eussent déjà eu des succès à la guerre, ce qui n'a point eu lieu. A peine en ont-elles obtenu dans des expériences exécutées de jour, avec toutes les précautions souhaitables. Encore ces expériences ne sont pas connues des matelots, et beaucoup d'entre eux savent le peu d'effet qu'ont produit à Boulogne, à différentes époques, les torpilles, les catimarans et toutes les machines de même nature.

M. Fulton, en s'occupant des canots à torpille, voyait la liberté des mers dans l'adoption de leur système qu'il bornait pourtant à la défensive. On sent combien cette opinion est erronée; car une nation rendît-elle l'approche de ses côtes fort dangereuse à des flottes ennemies, dont on admettrait d'ailleurs la supériorité, celles-ci n'en seraient pas moins à même de croiser au large, et ne permettraient à aucun navire de guerre ou de commerce de naviguer en haute mer, sans s'exposer à être pris.

M. Fulton, du reste, établit des calculs en partant toujours de son principe. Il montre que l'armement de cinq mille canots à torpille ne coûterait que 7,560,000 francs, ou à peu près la même somme que trois vaisseaux de 80 canons. Chaque embarcation aurait douze hommes d'équipage, ce qui ferait un total de 60,000 hommes. Avec ce nombre de combattans égal à celui nécessaire pour armer 100 vaisseaux de 80 canons, il veut défendre l'approche d'un port important, tel que Boulogne, lorsqu'on projette une descente en Angleterre. Mais c'est encore une idée tout-à-fait déraisonnable, que de songer à employer cinq mille embarcations. Il en résulterait un désordre et une confusion qui s'opposeraient au succès de toute espèce d'entreprise; et réduisît-on à 150 ou 100 le nombre des canots à torpille, ainsi que M. Fulton le proposa, pour la défense des principaux ports de la Nouvelle-Angleterre, il serait encore impossible d'éviter une grande confusion, et surtout de surprendre à la fois tous les vaisseaux d'une flotte. Ceux dont les embarcations à torpille s'approcheraient d'abord, s'apercevraient naturellement les premiers de l'attaque, et donneraient l'alarme à leurs compagnons. Alors commencerait une canonnade trop vive pour que les équipages des embarcations à torpilles agissent convenablement. Il est d'ailleurs très-facile à une escadre qui est à l'ancre, ou en calme, de prévenir toute surprise, en ayant autour d'elle des embarcations en vedette.

Je ne suivrai pas M. Fulton dans l'exposé d'une foule d'avantages militaires et politiques qu'il regardait comme devant être un résultat immédiat de l'exécution de ses projets sur les torpilles. Les imaginations ardentes et inventives poussent presque toujours trop loin les conséquences du système qu'elles viennent de créer. Mais ces fautes naturelles à un génie tel que celui de Fulton, ne doivent pas discréditer entièrement ses diverses vues touchant l'emploi des torpilles. Voici le jugement que je me suis formé relativement aux trois espèces qu'il a décrites; c'est-à-dire, les torpilles à l'ancre et à levier; celles à ligne d'accouplement, et celles à harpon.

Torpilles à l'ancre et à levier.

Ces torpilles employées selon la méthode que donne M. Fulton, exigent d'être fort multipliées dans une rade, pour en rendre l'entrée inaccessible aux vaisseaux, en supposant même qu'on réussît à leur ajouter plusieurs perfectionnemens qui sont indispensables pour assurer leur effet. Ceux indiqués jusqu'ici me semblent insuffisans; et je pense que la meilleure manière de faire usage des torpilles à l'ancre et à levier serait la manière suivante.

Au lieu d'isoler chacune de ces torpilles sur une ancre particulière, on en unirait un certain nombre par le moyen de cordages, et les deux extrémités de cette chaîne porteraient chacune une ancre, qu'on mouillerait après avoir déterminé, d'après la nature du parage, la meilleure position à donner à cette nouvelle sorte de barrière. Le poids des torpilles serait tel qu'elles s'enfonceraient seulement d'une dixaine de pieds au-dessous de la surface de la mer; on fixerait du liége sur la partie avoisinant le levier, afin que celui-ci fût toujours plus élevé que le reste de la machine. Les deux bouts de chaque torpille auraient un piton, auquel serait amarrée une corde qu'on chargerait, de distance en distance, avec des petits morceaux de plomb, pour la faire plonger plus bas que les torpilles, et ne pas l'exposer à s'engager avec les leviers. La longueur de cette sorte de chaîne ou barrière, et les dispositions que nous venons de voir, empêcheraient les cordages d'être bien tendus, et procureraient beaucoup d'élasticité à tout le système; circonstance qui maintiendrait toujours les torpilles à peu près à la même distance de la surface de la mer, surtout lorsque l'élévation et l'abaissement des marées, ne seraient pas excessifs.

On multiplierait plus ou moins ces nouvelles barrières, selon l'étendue et la nature du parage où elles seraient établies. Il deviendrait fort difficile, lorsqu'on les aurait bien placées, qu'un navire pût les dépasser sans rencontrer un cordage et amener quelques torpilles sous sa carène. Le chenal, pratiqué entre ces barrières, devrait être d'une certaine largeur, et parfaitement connu par les pilotes du pays, afin qu'il n'arrivât que le moins possible d'accidens au bâtimens nationaux et alliés; et, afin que l'ennemi n'eût jamais connaissance de la direction de ce chenal, il conviendrait de la faire varier quelquefois. L'opération la plus périlleuse serait de mouiller et de relever les barrières à torpilles, sans que les leviers s'engageassent quelque part et principalement avec les cordes unissant chaque torpille l'une à l'autre. La précaution de charger les cordes avec des plombs ne serait peut-être pas toujours suffisante. Il est vrai que la réflexion, et surtout la pratique ne manqueraient pas de suggérer de nouveaux remèdes contre les accidens; j'en indiquerai un tout à l'heure.

Torpilles à ligne d'accouplement.

M. Fulton a seulement imaginé d'employer les torpilles à ligne d'accouplement contre un navire à l'ancre, évité de bout au courant. Voici un second moyen de faire usage de ces machines. Supposons deux embarcations portant chacune une torpille à ligne d'accouplement. Ces embarcations s'écarteraient d'abord l'une de l'autre, autant que le permettrait la ligne, dont la longueur doit être moindre que deux fois celle du navire attaqué. Ensuite elles s'avanceraient de front sur le navire, et le placeraient précisément entre elles deux. Elles jetteraient les torpilles à la mer, dès que la ligne d'accouplement se trouverait arrêtée ; et, au moyen d'autres cordes attachées aux torpilles, elles les amèneraient sous la carène du bâtiment ennemi. Les torpilles, afin que leur explosion eût lieu dès qu'elles rencontreraient la carène, seraient à lévier, au lieu d'être à mouvement d'horlogerie ; et, afin que leur explosion ne devînt pas funeste aux embarcations mêmes, on ne les chargerait qu'avec une quantité de poudre suffisante pour défoncer le navire attaqué, sans pouvoir le faire sauter. Finalement, on donnerait assez de longueur à la corde attachée à chaque torpille pour que les embarcations fussent déjà à une certaine distance lorsque l'explosion aurait lieu.

Des navires de toute grandeur, mais surtout des bateaux à vapeur, parce qu'ils n'auraient pas besoin du vent, pourraient, comme les embarcations, faire usage de torpilles à ligne d'accouplement. Un seul navire pourrait même entreprendre d'en défoncer un autre, en traînant après soi plusieurs torpilles unies l'une à l'autre par un cordage qui laisserait un certain espace entre elles. Il serait nécessaire, pour la réussite de ce système, que les torpilles eussent la forme de petites pirogues, ou canots très-élongés pour offrir moins de résistance au fluide dans lequel elles seraient entièrement plongées, du moins lorsque la vitesse avec laquelle elles seraient traînées ne les ferait pas remonter vers la surface de l'eau. La première torpille, remorquée par le navire, remorquerait une seconde torpille, celle-ci une troisième, et ainsi de suite. Le dessus de chacune de ces torpilles serait garni de liége, et surmonté par le levier de détente. Un navire traînant cette drôme après lui n'aurait qu'à contourner son ennemi pour amener sous la carène de celui-ci quelques torpilles et le défoncer. La réussite de cette manœuvre dépendrait éminemment de l'habileté et de l'exercice du manœuvrier.

Deux navires, ou deux embarcations, chassés par des forces supérieures, qui se tiendraient dans leurs eaux, pourraient aussi s'en délivrer, en abandonnant à la mer une ou plusieurs drômes semblables à celle décrite. Cette opération devrait être exécutée de nuit seulement, sans quoi l'ennemi en aurait connaissance et éviterait facilement la rencontre des torpilles.

Ces mêmes drômes pourraient se placer de nuit devant l'embouchure d'un port ou d'une rade ennemie. Et, pour fixer la position des drômes, il conviendrait que leurs extrémités fussent garnies d'ancres. Ce système reviendrait, comme on le voit à celui des barrières décrites pour la défense.

Il faudrait que la remorque, ou le cordage unissant une torpille à l'autre, fût garni de plomb, lorsque les deux extrémités des drômes seraient maintenues par des ancres. Cette pratique empêcherait les remorques de s'engager avec les leviers de détente. Mais, lorsque les drômes seraient abandonnées dans des endroits de la mer trop profonds pour ancrer, il faudrait que les remorques fussent garnies d'espace en espace avec des petits morceaux de liége tels qu'ils maintinssent les remorques à une même profondeur sous l'eau que les torpilles, sans quoi le poids seul des remorques amènerait fort promptement les torpilles les unes contre les autres. On ne pourrait retirer de pareilles drômes de la mer qu'autant qu'on y ajoutât un ressort qui arrêterait les détentes des leviers au bout d'un tems déterminé. Ce mécanisme serait aussi fort utile pour les torpilles des barrières de défense. On pourrait alors les relever sans danger.

Torpilles à harpon.

Ces torpilles exigeant, pour être employées, qu'on tire une arme à feu, ne sauraient permettre de surprendre entièrement l'ennemi. Dès qu'on a lancé le harpon, soit qu'il se plante ou non dans le bord du vaisseau attaqué, il est indispensable de faire retraite. L'équipage ennemi est soudain mis en alerte par le bruit de l'espingole, se met en acte de défense, et j'ai démontré que des embarcations ne peuvent, même la nuit, agir avec succès contre des vaisseaux qui les ont aperçues, et qui font feu de très-près sur elles. M. Fulton, pour rassurer les équipages des embarcations contre le danger d'être coulés, propose dans une note (1) d'adopter des canots insubmersibles pareils à ceux inventés en Angleterre par M. Greathead, et employés, depuis plusieurs années, avec beaucoup de succès, pour donner des secours aux bâtimens naufragés.

Ces canots, nommés *Life-boat*, doivent non-seulement être préférés aux embarcations ordinaires dans une opération militaire, mais dans toutes les circonstances de la navigation, puisqu'ils conserveraient l'existence à tant de marins qui périssent chaque année, lorsque des embarcations coulent ou chavirent. Mais revenons à l'adoption des *life-boats*, relativement aux torpilles. Les

---

(1) De la machine infernale maritime, etc., p. 39.

life-boats, d'après les proportions données par M. Greathead, sont trop courts, et ont trop peu de rameurs pour que leur marche à l'aviron soit avantageuse (1). Il conviendrait, sans augmenter leur largeur qui est suffisante pour nager à couple, d'augmenter assez leur longueur pour qu'ils puissent porter sept paires d'avirons au moins.

L'avant et l'arrière des *life-boats* sont exactement semblables, et, selon le besoin, changent de fonction. Un aviron tient lieu de gouvernail. Cette disposition est très-utile, puisqu'elle permet de prendre des directions diamétralement opposées, sans avoir à virer de bord : il convient donc de la conserver. Mais la forme pointue des deux extrémités des *life-boats*, nuirait au service des torpilles. Il faudrait couronner ces parties avec une plate-forme carrée, saillant un peu en dehors de l'embarcation. Sur un côté de la plate-forme serait l'espingole à harpon, et la ligne du harpon bien lovée, ou convenablement ployée pour se développer sans embarras; sur l'autre côté de la plate-forme seraient

(1) Bibliothéque britannique, etc., t. 24, p. 270.

la torpille et le piton retenant le menu cordage, qui, au départ de la torpille, enlève la goupille, dont la suppression permet au mouvement d'horlogerie de commencer à marcher. Dans le milieu du bord extérieur de la plate-forme on pratiquerait une échancrure propre à recevoir l'aviron servant de gouvernail. Je renvoie le lecteur, pour qu'il conçoive mieux ces diverses dispositions, à la planche 4 (figure 1re.) de l'ouvrage de M. Fulton.

Les deux extrémités des *life-boats*, étant pareilles, pourraient porter chacune une plate-forme, avec une torpille et ses dépendances. On commencerait par lancer celle qui se trouverait en avant; et ensuite, fesant virer l'embarcation, ce qui serait facile parce qu'on armerait un aviron sur chaque extrémité, on lancerait la seconde torpille : ou, si l'on était dans le cas de devoir fuir précipitamment, on ferait ramer dans le sens opposé à la première route, et l'on suivrait une direction rétrograde, sans avoir besoin de virer. J'observe, au sujet de cette manœuvre, que l'aviron, qui d'abord était de l'arrière et se trouverait de l'avant, pourrait seul servir de gouvernail. Les Turcs gouvernent de la sorte leurs chaloupes, lorsqu'elles portent sur l'arrière une ancre ou quelqu'autre objet encombrant. J'ai souvent vu employer cette méthode, et je l'ai même fait exécuter par des hommes qui étaient sous mes ordres. Elle est très-simple et parfois très-utile; néanmoins je ne la crois en usage que parmi les Turcs.

L'adoption des *life-boats* ôterait aux matelots la crainte d'être coulés, lorsqu'ils agiraient avec les torpilles contre des vaisseaux. Mais ils ne seraient pas encore à l'abri d'aucune espèce de projectiles; et, si le mauvais tems ne pouvait les engloutir, il les balotterait du moins avec trop de violence pour leur permettre de bien se servir des torpilles à harpon. Une pluie abondante et les immersions des lames, nuiraient beaucoup aussi au service de l'espingole.

On pourrait remédier à ces inconvéniens en employant de grands bâtimens à vapeur, tels que la frégate américaine le *Fulton the first*, qui possède une batterie couverte, des murailles impénétrables au boulet, et dans laquelle les projectiles ne peuvent s'introduire que par les sabords, qui, du reste, forment de très-grandes ouvertures. En parlant d'employer des torpilles à harpon sur des frégates à vapeur, j'observe que, si la ligne qui unit le harpon à la torpille venait à s'engager, il y aurait à craindre que cette ligne n'amenât la torpille sous la carène même du navire qui en ferait usage.

Je dois observer aussi que les frégates à vapeur seraient très-propres à porter de gros obusiers, dont les projectiles produiraient à peu près les mêmes effets que les torpilles, lorsqu'ils éclateraient dans le bord d'un navire vers la flottaison ; et qui, dans les autres circonstances, sans avoir des effets aussi décisifs, produiraient encore d'affreux ravages, frappant comme boulet, formant des éclats en détonnant, et causant presque infailliblement des incendies. Ils ont d'ailleurs sur les torpilles à harpon l'avantage d'atteindre de plus loin, et d'être d'un service plus commode et plus expéditif.

Si l'on résume maintenant ce que j'ai rapporté dans le cours de ce Mémoire touchant les machines infernales maritimes, on verra qu'on ne doit leur accorder que des avantages restreints à certains cas. Au surplus, ces machines, quoique d'une invention fort ancienne, ont rarement été employées à la guerre, et sont sans doute susceptibles de grands perfectionnemens. Il se pourrait qu'avec de la persévérance et de la pratique on se mît un jour en état de faire sauter les plus grands vaisseaux avec de faibles ressources en hommes, en argent et en matériaux. Ce système toutefois semble destiné à n'être jamais que secondaire dans les guerres navales, et peut à peine être comparé à celui des mines dans la guerre des siéges. Il en est un qui doit prévaloir sur tout autre : c'est celui de grands bâtimens à vapeur impénétrables aux boulets, et armés de gros obusiers. On verra bientôt ces bâtimens succéder aux vaisseaux actuels, comme l'artillerie moderne a succédé aux machines de jet des anciens. Ce n'est pas ici le lieu d'entrer dans de plus grands détails à ce sujet, sur lequel d'ailleurs j'ai entrepris un ouvrage d'une étendue proportionnée à l'importance des matières qu'il renferme. J'engage seulement mes lecteurs à croire qu'il existe, pour détruire les vaisseaux, une foule de moyens inusités jusqu'à ce jour.

Il serait facile à un ennemi industrieux de se rendre redoutable au peuple qui possède l'empire des mers. Nous avons commencé à en avoir une preuve dans la dernière guerre entre les Anglais et les Américains. Deux ou trois vaisseaux de ligne, une vingtaine de frégates, de nombreux mais faibles corsaires et quelques machines nouvelles dont le succès n'était pas assuré, ont suffi aux Américains pour amener les Anglais à souhaiter la paix. Des revenus immenses, plus d'un million de soldats, plus de cent vaisseaux de ligne et une quantité innombrable de petits bâtimens de guerre, n'ont été pour la France que des instrumens de défaite. Nos flottes sont restées presque constamment dans les ports, ou ont été détruites quand elles ont osé en sortir. A A quoi doit-on principalement attribuer des résultats si différens ?

Le gouvernement français, établi loin des ports de mer et toujours très-occupé des affaires du continent, n'a pu prendre une connaissance suffisante des améliorations dont la marine est susceptible. Attaché aux vieilles routines navales, comme le gouvernement espagnol à l'Inquisition, il a repoussé les innovations; et, si le tems lui a fait admettre quelques changemens dans sa marine, ils furent, pour la plupart, insignifians ou nuisibles.

Dans un pays nouveau, tel que l'Amérique, les lois, les usages et les préjugés antiques ont peu d'influence. Les hommes, dans toutes les branches des sciences et de l'industrie, partent du point où l'on est arrivé chez les nations les plus civilisées, et il leur est facile de trouver des perfectionnemens dans tous les sujets dont ils s'occupent. Les Anglo-Américains, sous le rapport des arts mécaniques, du commerce et surtout de la marine, ont de plus l'avantage d'être issus du peuple chez lequel ces puissantes sources de la prospérité publique ont acquis jusqu'ici le plus haut degré de splendeur. Ils ont aussi l'avantage d'avoir joui d'une longue paix pendant laquelle leurs nombreux marins ont eu le tems d'acquérir une grande habileté. Le gouvernement des États-Unis non content de si précieux avantages, a eu la sagesse de s'aider dans ses opérations militaires, des conseils et de l'expérience d'une académie militaire qui embrasse dans ses recherches ce qui est relatif à la guerre maritime ainsi qu'à la guerre par terre. Le titre pris par cette académie est celui de *Société militaire et philosophique des États-Unis*. Elle fut fondée à West-Point, en 1802, par le colonel Williams, chef du corps des ingénieurs et du collége militaire. Tous les officiers du génie furent d'abord les membres de cette académie. Ils s'agrégèrent par la suite d'autres personnages de différentes professions. M. Fulton était de ce nombre.

Quelques académies spéciales, en s'écartant du but de leur institution, ont mis en droit de douter de leur utilité; telle fut notre ancienne académie de marine dont les travaux concernent les hautes mathématiques et quelques autres objets d'une utilité très-secondaire dans la marine (1). Les membres de la société militaire et philosophique des États-Unis ne s'écartèrent point ainsi de la ligne tracée par le bon sens. On vit paraître bientôt après leur établissement divers mémoires composés par leur président sur les parties les plus essen-

(1) Du rétablissement de l'académie de marine, par Ch. Dupin, page ; *Paris*, 1814.

tielles de l'art militaire; un traité sur l'organisation de l'artillerie, par le colonel Morton, et un système de défense maritime dû à plusieurs membres. Ce système fut adopté sur toutes les côtes et dans tous les ports des États-Unis.

Dès qu'un peuple a des armées de terre et de mer, la perfection de l'art consiste à lier essentiellement dans la pratique et la théorie, les opérations de ces armées. C'est une même académie qui devrait proposer les améliorations et un même ministère qui devrait les faire exécuter. Nous sommes si loin, en France, d'avoir de pareilles vues, qu'on ne peut raisonnablement espérer de les voir adopter. Le ministère de la guerre, d'ailleurs, se régit d'après des principes qui (en ce qui le concerne) sont fort raisonnables, et assez semblables à l'institution de la société militaire et philosophique des Etat-Unis; ni S. M. elle-même, ni le ministre de la guerre, ni les bureaux, ne se sont réservé le droit de rien décider relativement aux constructions du génie et aux machines de l'artillerie. Tout à cet égard est examiné et réglé par un comité central des fortifications, et par un comité central d'artillerie, composés, tous deux des officiers les plus marquans dans chaque arme.

La marine, qui est un art beaucoup plus compliqué que le génie et l'artillerie, et qui, surtout en France, aurait besoin des secours de la théorie, parce que ceux de la pratique sont fort rares; la marine elle-seule est abandonnée à l'autorité ministérielle. Cette autorité, il est vrai, a la sagesse de soumettre les questions d'une importance majeure aux débats des commissions; mais cette méthode est loin de remplir entièrement son objet. Pour s'en convaincre, on n'a besoin que d'y réfléchir un instant.

Les membres d'une commission devraient être choisis parmi les hommes qui ont acquis le plus de réputation dans la branche du service auquel ils appartiennent. Le contraire a souvent lieu. Des motifs de circonstance et d'affection particulière règlent tout à cet égard.

Au surplus, les commissions fussent-elles composées le mieux possible, leur travail serait presque toujours insuffisant, parce qu'il n'a aucun caractère authentique, aucune publicité, et qu'il ne se lie à aucun autre travail. Il faut, pour améliorer et coordonner les nombreuses parties dont l'art naval se compose, des vues très-approfondies, beaucoup d'esprit de suite et d'ensemble, et un accord intime entre la science et le pouvoir.

La paix nous laisse un loisir précieux pour exécuter des recherches et des tentatives sur le perfectionnement de toutes les parties de la marine. On ne saurait douter que des hommes de l'art, réunis en société et appelés par devoir à s'occuper de ces matières, ne soient les plus aptes à diriger, vers un but éminemment utile, les soins du gouvernement. L'absence d'une pareille société, dans notre pays, semble presque inconcevable, si l'on songe qu'à Saint-Pétersbourg, où la civilisation est bien moins ancienne, il y a un institut de marine. Après avoir donné tant de leçons aux peuples de l'Europe, serions-nous destinés à en recevoir d'eux, sans pouvoir même en profiter?

FIN.

EXTRAIT

Du Catalogue des livres qui se trouvent chez BACHELIER, *libraire, quai des Augustins, n°. 55.*

(DÉCEMBRE 1818.)

OUVRAGES IMPRIMÉS EN 1818.

TRAITÉ complet de Mécanique appliquée aux Arts, contenant l'exposition méthodique des théories et des expériences les plus utiles pour diriger le choix, l'invention, la construction et l'emploi de toutes les espèces de machines. Par M. *J.-A. Borgnis*, Ingénieur et membre de plusieurs Académies. Ouvrage divisé en huit traités format in-4°.

Il paraît quatre volumes de cet important ouvrage, qui se vendent ensemble ou séparément; des titres propres aux matières dont traite chaque volume, ont été imprimés pour les personnes qui ne sont pas dans l'intention d'acheter l'ouvrage en entier; ainsi le 1er. *Traité peut se demander sous le titre de :*

Traité de la composition des Machines, contenant la classification, la description et l'examen comparatif des organes mécaniques; volume de plus de 460 pages, avec tableaux synoptiques et 43 planches donnant les figures de plus de 1200 organes de Machines. Prix. 25 f.

Le second Traité sous le titre de :

Traité du mouvement des Fardeaux, contenant la description et l'examen des machines les plus convenables pour transporter et élever toute espèce de fardeaux; volume de 334 pages et 20 planches gravées. Prix. 16 f.

Le même avec les planches tirées sur papier de Hollande, et lavées avec soin, cartonné par Bradel. 37 f. 50 c.

Le troisième Traité sous le titre de :

Traité des Machines que l'on emploie dans les constructions diverses, ou Description des Machines dont on fait usage dans les quatre genres d'Architecture, civile, hydraulique, militaire et navale; volume de 336 pages avec 26 planches. Prix. 20 f.

Le même avec les planches tirées sur papier de Hollande, lavées avec soin, cartonné par Bradel. 42 f.

Le quatrième Traité, sous le titre de :

Traité des Machines hydrauliques, ou Machines employées pour élever l'eau nécessaire aux besoins de la vie, aux usages de l'agriculture, aux épuisemens temporaires et aux épuisemens dans les mines; volume in-4., avec 27 pl. Prix. 20 f.

Le même, avec les planches tirées sur papier de Hollande, lavées avec soin, cartonné par Bradel. Prix. 42 f.

Les autres Traités paraîtront successivement. — Le 5e. *Traité décrit les Machines d'agriculture (sous presse). — Le* 6e., *les grandes Machines. — Le* 7e., *les Machines qui servent à confectionner les étoffes. — Le* 8e., *les Automates et les Machines théâtrales.*

ESSAI sur la composition des Machines, par MM. *Lanz* et *Bétancourt*, 2e édition, revue, corrigée et considérablement augmentée; vol. in-4. avec 13 grandes planches. Prix. 15 f.
et franc de port. 18 f.

La première édition, sur le rapport du Conseil d'Instruction de l'École Polytechnique, fut imprimée en 1808, *aux frais de cette École; cette première édition se trouvant épuisée, M.* Lanz *s'est chargé de revoir la seconde, et d'y faire de nombreuses additions et corrections, tant dans le texte que dans les planches. Cette seconde édition, supérieure en tout à la première, ne peut manquer d'avoir le succès que lui a mérité le suffrage d'une École qui a fourni un grand nombre d'habiles ingénieurs, et qui jouit, à juste titre, de la plus grande considération en Europe.* — (Cet Ouvrage est toujours enseigné à l'École Polytechnique.)

MÉMOIRES sur la Marine et les Ponts et Chaussées de France et d'Angleterre, contenant deux relations de voyages faits par l'auteur, dans les ports d'Angleterre, d'Écosse et d'Irlande, dans les années 1816, 1817 et 1818, par *Charles Dupin*, capitaine au corps du Génie maritime, membre de l'Institut, etc.; 1 volume in-8. Prix. 6 f. 50 c.
et franc de port. 8 f.

ESSAI historique sur les Services et les Travaux scientifiques de *Gaspard Monge*; par le même, in-8. (janvier 1819). Prix. 4 f. 50 c.
et franc de port. 5 f. 50 c.

Le même, imprimé de format in-4. avec le portr. de M. *Monge* d'une parfaite ressemblance. 7 f. 50 c.
et franc de port. 8 f. 50 c.

LETTRE à mylady Morgan, sur Racine et Shakespeare, par le même. 1 vol. in-8. Pr. 2 f. 50 c.
et franc de port. 3 f.

CONSIDÉRATIONS sur la Marine française en 1818, et sur les dépenses de ce département, par M. de *Boisgenette*, ancien employé supérieur et militaire en Hollande, dans les colonies d'Amérique et dans l'Inde. vol in-8. Prix. 3 f.
et franc de port. 3 f. 50 c.

QUELQUES mots sur la Marine royale de France, par un marin, brochure in-8. (octobre.) Prix franc de port. 1 f. 50 c.

ESSAI sur le personnel de la Marine française, brochure in-8. Prix. 2 f.
et franc de port. 2 f. 50 c.

APPLICATION de la Théorie des Transversales. Cours d'opérations géométriques sur le terrain, fait à l'École d'artillerie de la garde royale en mars, par *J.-C. Brianchon*, capitaine d'artillerie, chevalier de la légion-d'honneur, professeur de mathématiques à ladite École; brochure in-8., 1er. Cahier, prix. 1 f. 80 c.
et franc de port. 2 f. 10 c.

SOUS PRESSE.

TRAITÉ *des Machines d'agriculture* employées aux travaux des terres et à la préparation de leur produit; par J.-A. BORGNIS, ingénieur et membre de plusieurs académies. Volume in-4., avec 26 planches.

Cet ouvrage forme la cinquième partie de son Traité complet de Mécanique.

THÉORIE des Machines simples en ayant égard au frottement de leurs parties et à la roideur des cordages; par M. *Coulomb*, chevalier de Saint-Louis, capitaine du génie, membre de l'Institut de France. Nouvelle édition augmentée de plusieurs Mémoires du même auteur, sur la Mécanique. 1 vol. in-4. avec planches.

ABRÉGÉ chronologique de la Marine française depuis son origine jusqu'à la paix de 1783. 1 vol. in-12. 1 f. 80 c.

ARITHMÉTIQUE universelle de Newton, trad. par *Baudeux*; 2 vol. in-4. 18 f.

ART (l') des Combats sur mer, par *Delarouvraye*; dédié au duc d'Angoulême. 1 volume in-4. avec planches. 6 f.

ATLAS classique et universel de Géographie ancienne et moderne, composé pour l'Instruction de la Jeunesse, et particulièrement pour celle des Lycées et Écoles militaires, par *Lapie*, ingénieur-géographe; 1 vol. in-fol. composé de 39 cartes; prix, cartonné, 30 f.

BASE du Système métrique décimal; suite des Mémoires de l'Institut. 3 vol. in-4. 66 f.

CHIMIE pneumatique appliquée aux travaux sous l'eau, dans les puits, les mines, etc., par *Brizé-Fradin*. 1 vol. in-8. 5 f.

CONSIDÉRATIONS nouvelles sur la Mécanique, par *Maingon*, capitaine de vaisseau; brochure in-8. 1 f. 80 c.

COURS pratique et théorique de la Langue Française, par *Lemare*; 2e. édition, 2 vol. in-8. 15 f.

Abrégé dudit ouvrage, 1 vol. in-8. 7 50

COURS pratique et théorique de Langue Latine, contenant de plus que dans l'ancienne édit. plus de deux mille quatre cents phrases latines, tirées des meilleurs auteurs, par *Lemare*, 1 vol. in-8. 1817. 9 f.

COURS de Mathématiques pures, par *Lacroix*. 7 v. in-8. 28 f. 50 c.

Chaque vol. se vend séparément; savoir: Arithmétique, 2 f. — l'Algèbre, 4 f. — la Géométrie, 4 f. — le Complément d'Algèbre, 4 f. — *idem* de Géométrie, 3 f. — Application de l'Algèbre à la Géométrie, 4 f. — Abrégé du Calcul différentiel, 1 vol. 7 f. 50 c.

COURS de Mathématiques à l'usage de l'Artillerie, par *Bezout*. 4 vol. in-8., gr. pap. 24 f. Les deux derniers volumes contenant la Mécanique, se vendent séparément. 12 f.

COURS de Mathématiques à l'usage de la Marine par *Bezout*; 6 vol. in-8. 29 f.

Chaque vol. se vend séparément, savoir: Arithmétique, 3 f. — Géométrie, 5 f. — Algèbre, 5 f. —, Mécanique, 2 vol. 10 f. — Navigation, 6 f.

Le même, 6 volumes in-8. grand papier, belle édit. Prix. 30 f.

COURS de Mathématiques, Arithmétique et Algèbre, Géométrie, Mécanique, par *Bossut*. 3 vol. in-8. 15 f.

Chaque volume se vend. 5 f.

COURS de Mathématiques à l'usage de l'École militaire de Saint-Cyr. 1 vol. in-8. 7 f. 50 c.

DESCRIPTION de divers Procédés pour extraire la soude du sel marin, vol. in-4. avec 11 planc. représentant d'une manière très-détaillée les plans et élévations des ateliers de soudières, les fours, fourneaux et instrumens nécessaires à la manipulation de la soude. 6 f.

DESCRIPTION générale des différens Ouvrages à exécuter pour la distribution des eaux du canal de l'Ourcq, dans Paris, et Devis détaillé de ces ouvrages, par *Girard*; vol. in-4. avec 6 pl. 12 f.

DESCRIPTION géométrique de la France, par *Cassini*, 1 vol. in-4°. avec cartes, 12 f.

DESCRIPTION et Usage d'un cercle de réflexion, par *Borda*; 1 vol. in-4. 5 f.

DEVIS des Ponts à bascule, à construire sur le canal de l'Ourcq, par *Girard*; 1 volume in-4. avec 4 planches. 6 f.

DICTIONNAIRE de l'Académie française; 2 vol. in-8., rel. 40 f.

DICTIONNAIRE d'Architecture civile, militaire et navale, par *Roland de Virloys*; 3 vol. in-4., avec plus de 100 planches. 45 f.

DICTIONNAIRE des Ponts et Chaussées, par *Exchaquet*; 1 vol. in-8., avec figures. 6 f.

ÉCOLE de la Miniature ou l'Art d'apprendre à peindre sans maître; nouvelle édition revue, corrigée et augmentée de la méthode pour étudier l'art de la peinture, tant à fresque, en détrempe et à l'huile que sur le verre, en émail, mosaïque et damasquinure; 1 vol. in-12. fig. 1816. 3 f.

ÉLÉMENS d'Electricité et de Galvanisme, par *George Singer*, traduit de l'anglais avec des notes par *Thillaye*, professeur au Collége royal de Louis-le-Grand; 1 vol. in-8. avec pl. 1816. 8 f.

ENCYCLOPÉDIE de l'Ingénieur ou Dictionnaire des ponts et chaussées, par *Delaistre*; 3 vol. in-8., et Atlas. 42 f.

ESSAI sur la Science des Machines, dans lequel il est traité des Moteurs, des Roues hydrauliques, des Machines à colonne d'eau, du Bélier hydraulique, des Machines à vapeur, des hommes et des animaux, par *A. Guenyveau*, ingénieur des mines. 1 vol. in-8. 5 f.

ESSAI sur le Mouvement des Eaux courantes et la figure qu'il convient de donner aux Canaux qui les contiennent, par *Girard*. 1 vol. in-4., avec une planche. 5 f.

ESSAI sur les Torrens et Rivières, par *Fabre*. 1 vol. in-4., grand papier. 15 f.

ESSAI sur les Machines hydrauliques, par *Ducrest*. 1 vol. in-8. 6 f.

ESSAI de Géométrie analytique, par *Biot*. 1 vol. in-8. 5 f. 50 c.

ESSAI d'Analyse sur les Probabilités, par *Condorcet*. 1 vol. in-4. 15 f.

EXERCICES et Manœuvres du canon à bord des vaisseaux du Roi, et Règlement sur le mode d'exercice des officiers et des équipages; nouvelle édition, augmentée de Nouvelles Manœuvres des deux bords, et de plusieurs Tables de Pointage extraites de Churucca, par un officier de Marine (*Willaumez*). 1 vol. in-8. (1815). 2 f.

EXPERIENCES sur la main d'œuvre de différens travaux dépendant du service des Ingénieurs des Ponts et Chaussées, par *Anselin*. 1 vol. in-4., gr. pap. 7 f.

GÉOMÉTRIE souterraine par *Gensanne*. 1 vol. in-8. 5 f.

GRAMMAIRE anglaise, par *Bonnefoux*, lieutenant de vaisseau. 1 vol. in-8. (1816). 3 f.

www.ingramcontent.com/pod-product-compliance
Ingram Content Group UK Ltd.
Pitfield, Milton Keynes, MK11 3LW, UK
UKHW031934260826
14628UKWH00004B/1623

9 782013 602051